RAPPORT
SUR LES
CONCESSIONS MÉTALLIFÈRES
DE GÉNOLHAC ET DU CHASSEZAC

(Malons, Ste-Marguerite-Lafigère et Thines)

PAR

FERNAND VIALA

INGÉNIEUR CIVIL DES MINES
ANCIEN ÉLÈVE DE L'ÉCOLE POLYTECHNIQUE

MONTPELLIER
IMPRIMERIE CENTRALE DU MIDI
(HAMELIN FRÈRES)

1891

RAPPORT

SUR LES

CONCESSIONS MÉTALLIFÈRES

DE GENOLHAC ET DU CHASSEZAC

(Malons, Ste-Marguerite-Lafigère et Thines)

PAR

Fernand VIALA

INGÉNIEUR CIVIL DES MINES
ANCIEN ÉLÈVE DE L'ÉCOLE POLYTECHNIQUE

MONTPELLIER
IMPRIMERIE CENTRALE DU MIDI
(HAMELIN FRÈRES)

—

1894

RAPPORT

SUR LES

CONCESSIONS MÉTALLIFÈRES

DE GENOLHAC ET DU CHASSEZAC

(Malons, Ste-Marguerite-Lafigère et Thines)

I

Description et aperçu historique

Les quatre concessions, que nous avons en vue d'étudier, appartiennent, par leur situation, au massif montagneux connu sous le nom de *Plateau central*, et qui est en grande partie constitué par des terrains cristallins, granitiques et schisteux.

Toute cette région, essentiellement minéralisée, a été l'objet de nombreuses exploitations, tant au moyen âge qu'à l'époque gallo-romaine. La plupart de ces mines ont été abandonnées pendant plusieurs siècles : quelques-unes cependant, comme celles de Vialas, de Pont-gibaud, de Villefranche et de Chessy, ont donné de tels résultats qu'il est permis d'espérer, sur bien d'autres points, une reprise avantageuse. La main-d'œuvre peut avoir renchéri, mais les moyens de communication ont été largement développés, et les procédés d'extraction notablement perfectionnés. Au surplus l'abandon a tenu surtout à des causes politiques.

La concession de *Malons* est la plus ancienne : elle a été accordée à Bernard-Henri Raymond, par décret du 2 juillet 1872, pour l'exploitation du plomb, de l'argent et des autres métaux connexes. Elle s'étend sur la commune de Malons (arrondissement d'Alais, département du Gard), et renferme une superficie de 15 kilomètres carrés, 35 hectares, 58 ares.

Deux ans plus tard, par décret du 18 octobre 1874, MM. François Roussel, négociant à Sauve, et Émile Rédarès, avoué à Alais, obtinrent la concession, dite de *Thines*, de mines de plomb argentifère, cuivre, zinc et autres métaux connexes. Cette concession s'étend dans les communes de Thines, Montselgues, Malarce, Lafigère et Sainte-Marguerite-Lafigère (Ardèche), avec une superficie de 54 kilomètres carrés, 46 hectares, 71 ares.

La concession des mines de plomb argentifère de *Genolhac*, portant sur les communes de Genolhac, Concoules, Ponteils et Chamborigaud (arrondissement d'Alais, département du Gard), de Vialas et de Saint-André-de-Capcèze (arrondissement de Florac et de Mende, département de la Lozère), a été accordée, par décret du 6 mars 1880, à MM. Eugène Richard, Alfred Rostang et consorts ; elle comprend une superficie de 35 kilomètres carrés, 73 hectares, 6 ares.

Cette concession de *Genolhac* fut d'abord réunie à la concession de Malons, par décret du 24 avril 1884. Mais trois ans plus tard, lorsque furent concédées les mines de plomb argentifère, cuivre, zinc et autres métaux connexes, dites de Sainte-Marguerite-Lafigère, on engloba en une seule concession, dite du *Chassezac*, les trois concessions de Malons, de Thines et de Sainte-Marguerite-Lafigère, tandis que celle de Genolhac restait seule indépendante.

La concession de *Sainte-Marguerite-Lafigère* qui date du 23 février 1887, et qui s'étend sur les communes de Lafigère et de Sainte-Marguerite-Lafigère (arrondissement de Largentière, département de l'Ardèche), n'a qu'une superficie de 7 kilomètres carrés, 68 hectares ; et elle est presque entièrement englobée entre les concessions de Thines et de Malons. C'est ce qui explique pourquoi la Société de Genolhac avait d'abord demandé la réunion des concessions de Genolhac et de Malons, en même temps qu'elle s'assurait la propriété de la concession de Thines.

Le but évident de cette Société était d'obtenir la concession de Sainte-Marguerite-Lafigère, demandée concurremment par la Société *Pin, David* et *Cie*, qui, non seulement possédait la priorité à titre d'inventeur, mais encore avait exécuté, pendant plusieurs années, sur les filons de cette concession, de grands travaux de recherches et des travaux préparatoires importants.

La richesse des filons de Sainte-Marguerite-Lafigère n'a pas suffi à relever la Compagnie de Genolhac ; et cet insuccès s'explique, non seulement par la situation financière de la Compagnie, déjà fortement compromise au moment de l'obtention de la concession de Sainte-Marguerite-Lafigère, mais aussi et surtout par la manière irrationnelle dont cette Compagnie a voulu conduire l'exploitation. Quelque riche que soit un gisement, quelque bien préparée que soit son exploitation, nous estimons qu'on ne doit pas attaquer cette exploitation, sans se préoccuper d'assurer celle des étages inférieurs, ou d'autres gisements, sous peine d'être un jour réduit à arrêter le travail productif pour entreprendre une nouvelle période de travaux préparatoires.

En outre nous pourrions critiquer la trop grande importance donnée par la Compagnie de Genolhac à son usine de traitement. Celle-ci avait été installée sur la route de Villefort au Pied-de-Borne, en vue de recevoir à la fois les minerais de Sainte-Marguerite-Lafigère et de Malons. Mais si le minerai de Malons arrivait à l'usine en descendant, il n'en était pas de même de celui de Sainte-Marguérite-Lafigère ; et l'un et l'autre transports devaient d'ailleurs coûter fort cher en raison de la grande distance. On a aussi traité à cette usine quelques minerais de la concession de Thines ; mais c'étaient des minerais déjà extraits sur les carreaux des mines, n'ayant par conséquent à supporter que les frais de transport extérieur.

Les quatre concessions que nous venons de décrire ont donc été réunies par le dernier décret du 23 février 1887, pour n'en former que deux : la concession de *Genolhac*, de 35 kilomètres carrés, 73 hectares, 6 ares, et celle de *Chassezac*, comprenant les trois concessions de Malons, Thines et Sainte-Marguerite-Lafigère, soit une superficie de 77 kilomètres carrés, 50 hectares, 29 ares. C'est cet ensemble de 113 kilomètres carrés, 23 hectares, 35 ares de concessions qui appartient aujourd'hui à la Société *Pin, David et Cie*, auteur des premiers et principaux travaux d'exploration sur les mines de Sainte-Marguerite-Lafigère.

Nous avons déjà été appelé, en 1883, à rédiger sur ces mines un premier rapport, qui concluait, non seulement à leur exploitabilité, mais aussi à leur grande richesse. Depuis cette époque les conditions économiques, il est vrai, ne se sont pas améliorées, en ce qui concerne la valeur commerciale des métaux plomb et argent. Mais on peut compter que la crise touche à sa fin.

On est en droit d'espérer notamment à brève échéance une hausse importante sur la valeur de l'argent; le monométallisme en effet n'a plus aujourd'hui que peu de partisans, et la plupart des nations qui avaient renoncé à la frappe de la monnaie argent, en reconnaissent aujourd'hui la nécessité.

D'autre part, si la Compagnie de Genolhac a exploité, pendant quelques années, trois des quatre concessions ci-dessus décrites, nous avons pu nous rendre compte, dans une visite récente, qu'elle n'a fait porter ses travaux, à Sainte-Marguerite-Lafigère, que sur le filon de La Rouvière, dans les étages déjà préparés par MM. *Pin, David et Cie*, et que, loin d'avoir attaqué la profondeur, elle n'a même pas épuisé l'amont-pendage.

En d'autres termes, la concession de Sainte-Marguerite-Lafigère, la plus riche des quatre, reste encore à peu près vierge de toute exploitation moderne. Et la richesse de cette concession s'accroît aujourd'hui beaucoup par suite de l'extension de concession du côté de Thines, où tout le système filonien de La Rouvière tend à se prolonger sur une grande étendue.

II

Richesse minérale et caractères filoniens

Nous dirons d'abord quelques mots de la concession de *Genolhac*, séparée des trois autres par les concesssions de Villefort et de Vialas, et dont les minerais ne sauraient être traités dans la même usine que ceux de Malons, de Thines et de Sainte-Marguerite-Lafigère.

Cette concession est sillonnée par de nombreux filons, qu'on pourrait rattacher au système des riches filons de Vialas, et qui sont encaissés dans le granite. Le caractère le plus saillant de ces filons est de présenter aux affleurements un chapeau riche en carbonates et phosphates de plomb argentifère. En outre, les filons y sont très développés en direction; et, bien qu'ils aient déjà été en partie exploités par la Compagnie de Genolhac, on peut espérer qu'ils donneront encore lieu à une nouvelle exploitation.

Il semble d'ailleurs impossible *à priori* que la Compagnie de Genolhac ait épuisé ces filons; et il est plus probable qu'elle a commis là la même faute qu'à Sainte-Marguerite-Lafigère, c'est-à-dire qu'elle a dû exploiter les minerais d'amont-pendage les plus en vue, sans se préoccuper de l'avenir, et sans préparer la profondeur ni chercher à mettre en valeur d'autres gisements.

La concession de *Malons* a déjà donné lieu à deux sortes d'exploitations. En premier lieu ses filons ont été l'objet de travaux anciens considérables. On en connaît quatre principaux, dont le plus important, dit filon des *Issarts*, peut se suivre sur près de 3 kilomètres.

C'est ce même filon qui porte le nom de filon de *La Rouvière* dans la concession de Sainte-Marguerite-Lafigère; et là nous verrons qu'il est encaissé dans le granite, tandis que, sur la concession de Malons, ce sont les micaschistes qui encaissent les divers gisements filoniens. La gangue du filon des Issarts, quartzeuse et un peu barytique, renferme de la galène argentifère et un peu de Blende.

On a prétendu que cette couche est un lambeau de terrain triasique, et on expliquait l'apparence granitique ou porphyrique de la roche par les phénomènes de métamorphisme qui avaient dû accompagner l'émission galéno-argentifère. Nous croyons plutôt, d'après les échantillons que nous avons vus, que cette prétendue couche n'est autre chose qu'un épanchement de roche éruptive, qui se serait produit à diverses époques peu éloignées l'une de l'autre, donnant ainsi lieu à des séparations assez nettes, qu'on a pu prendre pour des assises de terrain sédimentaire.

Quoi qu'il en soit, on devrait arriver à retrouver en profondeur les cheminées d'émission, probablement très minéralisées, dont la couche, en partie exploitée, peut être considérée comme le chapeau. Il nous semble ainsi qu'on pourrait reprendre les filons de Malons, et faire descendre leurs minerais, comme d'ailleurs ceux du plateau sur le Chassezac, où ils seraient traités dans la même usine que ceux de Sainte-Marguerite-Lafigère.

La concession de *Thines* est la plus développée comme superficie. Elle comprend deux centres filoniens distincts, celui du village de *Thines* et celui de Montselgues ou du *Vert*. Aux environs de Thines, on observe encore des scories provenant d'anciennes fonderies ; et le principal filon, qui a plusieurs kilomètres de développement, avec une puissance quelquefois supérieure à 2 mètres, porte aussi les tracés d'anciennes exploitations.

La direction dominante des filons galéno-argentifères de Thines est Heure VIII-IX ; c'est aussi la direction d'une grande crête quartzeuse, plus ou moins barytique, qu'on peut suivre sur plus de 2 kilomètres de développement.

Le second centre filonien de la même concession est situé sur la commune de Montselgues, notamment au quartier dit du *Vert* ; il se distingue du premier par le grand nombre de veines métallifères, qui y sont d'autre part moins puissantes et moins développées en direction.

On peut se demander toutefois si une partie du réseau filonien du Vert n'est pas le prolongement du réseau filonien de Sainte-Marguerite-Lafigère. Les deux systèmes ne sont en effet séparés que par une crête montagneuse élevée de 450 mètres environ au-dessus du Chassezac ; et plusieurs des filons du *Vert* ont la direction *Heure II-III*, qui est une des directions dominantes des filons de Sainte-Marguerite-Lafigère.

Nous avons observé, sur un des ouvrages récemment exécutés au *Vert*, une veine très riche en galène à grains fins, de plus de 0ᵐ30 de puissance, et dirigée *Heure V*. Cette direction, qui est une des plus favorables dans la concession voisine de Vialas, et le faciès de la galène, qui ressemble beaucoup à la galène très riche en argent du filon des *Anciens* (de Sainte-Marguerite-Lafigère), permettent d'augurer que le quartier du Vert donnera lieu à une exploitation très lucrative. Il y aura lieu d'étudier sur place l'installation d'une chaîne sans fin, qui amènerait les minerais du Vert, par-dessus la crête de séparation, à l'usine projetée sur le Chassezac pour la concession de Sainte-Marguerite-Lafigère.

Enfin la concession de *Sainte-Marguerite-Lafigère*, malgré sa plus petite superficie, est peut-être la plus riche des quatre. Et cela tient notamment à ce qu'en plus du grand filon, dit des *Anciens*, dirigé

Heure VII-VIII, et qui est accompagné de nombreux croiseurs *Heure X-XI* et *Heure V-VI,* on a étudié récemment un système filonien, non moins développé *Heure I* et *Heure III,* dit de la *Rouvière.*

C'est le principal filon de ce dernier système qui constitue le prolongement sur la rive gauche de Chassezac, du grand filon des *Issarts,* dont nous avons parlé à propos de la concession de Malons. C'est aussi ce système filonien de la Rouvière qui se dirige au Nord vers le quartier du *Vert;* et comme les affleurements peuvent se suivre très haut jusqu'à peu de distance de la crête, on est autorisé à croire que l'exploitation de Sainte-Marguerite-Lafigère pourra un jour être reliée en profondeur avec celle des filons du *Vert.*

Les Anciens ont principalement exploité le filon *Heure VII-VIII,* dit filon *Louviers* ou *des Anciens.* La Société *Pin, David et Cie* a aussi exécuté, au niveau du Chassezac, un travers-Banc qui recoupe ce même filon à près de 100 mètres de distance. Mais l'exploitation de ces dernières années a surtout porté sur le filon de *La Rouvière,* par une galerie en direction de près de 400 mètres, et située à plus de 50 mètres au-dessus du Chassezac.

Nous ne pensons pas que cette galerie, dite de la *Forge,* puisse jamais sortir horizontalement sur le versant opposé, qui est loin d'être aussi encaissé que celui du Chassezac. On pourrait plutôt espérer une exploitation commune avec celle des filons du Vert, par une attaque supérieure, par exemple par une galerie en direction attaquée sur l'affleurement *Ranc.*

Les affleurements supérieurs sont caractérisés par des veines de galène argentifère au milieu de filons granitiques qui sont encaissés dans les micaschistes. Le système filonien de *La Rouvière* présente encore un caractère important : c'est la présence, dans le remplissage des veines, d'une assez forte proportion de blende. Et, comme l'exploitation précédente n'en a pas tenu compte, on peut supposer que les piliers, laissés comme stériles en plomb, seront plus ou moins zincifères.

Nous pensons qu'avec une préparation méthodique bien conduite, on pourrait tirer parti de la blende, minerai qui est aujourd'hui très recherché; et cette séparation mécanique des deux éléments, *plomb* et *zinc,* aurait aussi l'avantage de donner au minerai de galène une plus grande valeur.

III

Exploitation et traitement; prix de revient

Nous laisserons de côté, pour le moment, l'exploitation des mines de *Genolhac*, qui ne saurait être rattachée à celle des trois autres concessions, aujourd'hui réunies sous le nom de concession du *Chassezac*.

On a définitivement renoncé aujourd'hui à l'usine de la Compagnie de Genolhac, sur le ruisseau de Paillères, qui ne pouvait recevoir économiquement les minerais d'aucune concession, et qui était exposée en été à n'avoir pas assez d'eau comme force motrice.

La nouvelle usine de traitement sera mieux placée sur le cours même du Chassezac, au-dessous des filons de Sainte-Marguerite-Lafigère; le minerai de cette concession sera ainsi traité en quelque sorte à pied d'œuvre. Il n'y a pas, il est vrai, beaucoup de terrain entre la rivière et la montagne; mais un peu en amont du travers banc exécuté par MM. *Pin, David et Cie* sur le filon des Anciens, l'inclinaison de la montagne est assez faible pour qu'on puisse y créer un établissement convenable, et la pente du terrain elle-même sera mise à profit pour étager les diverses catégories d'appareils, de manière à réduire au minimum la manipulation des minerais. Observons, enfin, que le *Chassezac* conserve un débit important pendant les plus grandes sécheresses.

La laverie de Chassezac pourra recevoir, comme nous l'avons dit, les minerais de la concession de Malons, soit qu'on reprenne l'exploitation des filons qui affleurent sur le versant rive droite du Chassezac, soit qu'on se borne à continuer l'exploitation de la prétendue couche triasique. Dans ce dernier cas, le minerai pourrait être amené, par voie ferrée, jusqu'à la partie supérieure du versant, ou élevé à partir de son gisement, puis descendu au niveau du Chassezac au moyen d'un câble métallique; et le même câble pourrait lui faire traverser la rivière.

En ce qui concerne les minerais de Thines, il est possible que plus tard l'exploitation souterraine de Sainte-Marguerite-Lafigère permette d'établir une communication avec les travaux qui seront entrepris sur les filons du *Vert*. Mais, pour le moment, en raison de la situation plus élevée des gisements du *Vert*, nous pensons qu'il vaudra mieux, comme pour ceux de Malons, les relier par câble à l'usine du Chassezac.

Notre dernière visite au Chassezac avait lieu après une très forte sécheresse, et, malgré cela, la rivière avait encore beaucoup d'eau. C'est ce qui nous permet d'affirmer qu'en toute saison le débit du Chassezac sera plus que suffisant, non seulement pour le lavage des minerais, mais aussi pour toute la force motrice qu'exigeront les divers appareils de broyage et de lavage. Nous avons dit que cette condition n'était pas remplie dans l'ancienne usine et que cette considération avait contribué à en motiver l'abandon.

Nous n'entrerons pas ici dans les détails techniques de l'exploitation ni du traitement, qui d'ailleurs ne présenteront rien de particulier. Il convient, croyons-nous, de commencer par reprendre l'exploitation du filon de *La Rouvière* qui a été faite jusqu'à aujourd'hui principalement par la galerie de la *Forge* et ne paraît pas avoir même épuisé l'amont-pendage.

En même temps qu'on suivra le filon à ce niveau, en se dirigeant vers les gisements du *Vert*, il y aura lieu d'attaquer les niveaux supérieurs, qui peuvent être mis en communication avec le niveau de la Forge par des cheminées percées dans les zones de plus grande richesse.

Mais on devra surtout se préoccuper de préparer l'exploitation en profondeur du même filon, d'abord en attaquant une galerie en direction à quelques mètres à peine au-dessus de Chassezac, puis en creusant un puits sur la zone qui aura présenté le maximum de richesse.

Il conviendrait aussi de suivre en direction le filon des Anciens, par le travers banc inférieur, et plus tard de le mettre en communication avec le fond des travaux anciens. Le déblai accumulé dans ces vieux travaux ne permet pas de se rendre compte de la richesse laissée aux pieds ; mais il est probable que ces travaux n'avaient été arrêtés que par l'insuffisance des moyens d'épuisement, peut-être aussi pour des causes tout à fait étrangères à l'exploitation. On sait, en effet, que les guerres de religion ont puissamment contribué à l'abandon de la plupart des exploitations minières du midi de la France.

On pourra ensuite songer à préparer sur le filon des *Anciens*, comme sur celui de *la Rouvière*, l'exploitation de profondeur au-dessous du niveau du Chassezac. Et pour cela on se servira du même puits si on a pu le placer utilement aux environs du croisement des deux systèmes filoniens ; ou bien on creusera un deuxième puits sur la zone du filon des Anciens qui aura donné les minerais de teneur maxima.

En ce qui concerne le traitement, nous nous bornerons à faire observer qu'il conviendra de conduire la préparation mécanique de manière à séparer et utiliser la *blende* qui se trouve en quantité notable dans les filons de Sainte-Marguerite-Lafigère, et plus particulièrement dans le grand filon de la Rouvière. On en voit de beaux échantillons sur le carreau de la Forge.

Comme dans ces échantillons la blende est assez intimement mélangée à la galène, la séparation compliquera, il est vrai, le traitement. Mais, outre qu'on peut espérer trouver des colonnes plus riches en blende qui auront été laissées par les anciens exploitants, surtout préoccupés de rechercher la galène, on peut affirmer d'une manière générale que l'augmentation des frais de traitement résultant de la séparation des deux minerais sera compensée très probablement par un double avantage :

1° On obtiendra un minerai de plomb argentifère plus pur et par conséquent plus facile à fondre ; car, au delà d'une proportion de 5 pour 100 de blende dans le minerai marchand, les fondeurs augmentent généralement le prix des frais de fusion.

2° On trouvera ainsi dans l'exploitation un produit accessoire, le minerai de zinc, dont la valeur commerciale s'est non seulement maintenue, mais tend à augmenter de plus en plus, en raison de la rareté des gisements zincifères.

Il nous reste, pour terminer ce rapport, à donner une évaluation du *prix de revient* général d'exploitation et des chances d'avenir que présente l'affaire.

Nous nous reporterons pour cela à l'étude plus détaillée que nous avions déjà faite des filons de Sainte-Marguerite-Lafigère, et nous aurons à tenir compte des nouvelles conditions créées notamment par l'adjonction des concessions de Genolhac, Malons et Thines, en même temps que des facilités de communication procurées par la nouvelle route de *Villefort* aux *Vans*, qui traverse en plein la concession de Sainte-Marguerite-Lafigère, à quelques mètres seulement en contre-bas de la galerie de la Forge.

Observons ensuite que si les minerais du *Vert* ont à supporter plus de frais de transport, par contre leur extraction devra être moins coûteuse que celle des mines de Sainte-Marguerite-Lafigère dont l'amont-pendage est déjà en partie exploité.

Les prix que nous allons donner s'appliquent surtout aux minerais de *Sainte-Marguerite-Lafigère* et de *Thines* (quartier du *Vert*) les plus immédiatement exploitables. Pour les minerais du *Thines* (village) et ceux de *Malons*, nous n'avons pas assez de données. Mais en admettant que les frais de transport à l'usine doivent être majorés pour ces deux centres d'exploitation, ce ne serait pas dans une forte proportion; et l'on peut espérer que cette majoration serait compensée par une diminution des frais généraux, résultant d'une plus grande production journalière.

Prix de revient:

Nous estimons que les minerais de Sainte-Marguerite et de Thines (quartier du Vert), triés sur la mine à une teneur moyenne de 12 %. en plomb, peuvent être rendus à l'usine et enrichir à une teneur moyenne de 50°/₀ en plomb, à raison de *46 francs par tonne* marchande.

Ce prix total comprenant.

{ 18 à 22 francs pour l'exploitation 4 à 5 francs par tonne de minerai brut).

8 à 4 francs pour le transport extérieur et diverses manipulations.

20 *francs pour le traitement (broyage et préparation mécanique).*

Total. 46 f. par tonne

L'exploitation étant suffisamment développée, on

Report   46

A reporter . . . .　46

pourra limiter les frais généraux à . . . .　10　—

Les frais de transport, de la mine à Villefort, par la route, de Villefort à Marseille, par exemple, par chemin de fer, avec diverses manipulations pouvant être estimées à. . . . .　24　—

Soit, au total, pour *une tonne de minerai marchand rendu à la fonderie.* . . . .　80　francs.

A ces frais d'exploitation, ajoutons, pour frais de fusion et de coupellation, par tonne de minerai marchand . . . .　110　—

On arrive à un prix de revient général de. . . . .　190　francs

par tonne marchande.

Or nous pouvons admettre que la perte de fusion sera compensée par la plus-value de teneur et le moindre prix de revient des minerais simplement triés à la main. On aura dès lors, comme *valeur en plomb,* 500 kilog. à 24 francs les 100 kilog. = *120 francs.*

Il suffirait donc, pour couvrir les frais, que le minerai marchand donnât en argent une valeur de *70 francs,* c'est-à-dire, avec la valeur actuelle de ce métal, une teneur en poids de $\frac{70}{0.112}$ = *585 grammes d'argent à la tonne.* Et par suite on devait avoir aux *1,000 kilog.* de plomb d'œuvre, une teneur de $585 \times \frac{100}{50}$ = *1,170 grammes d'argent.*

Le filon des Anciens a donné aux essais jusqu'à 4 et 5,000 grammes d'argent à la tonne de plomb. Quant au filon de la Rouvière, il donne une moyenne supérieure à 1,200 grammes argent à la tonne de plomb. Enfin les minerais du *Vert* paraissent devoir être plus riches en argent que ceux de la Rouvière ; quelques veines semblent même se rapprocher davantage du filon des Anciens.

On peut donc compter, croyons-nous, sur une moyenne générale de *teneur argentifère de 1,500 grammes à la tonne de plomb,* qui laisserait un bénéfice par tonne de 330 grammes argent à 0 fr. 12 cent. — environ 40 FRANCS PAR TONNE DE PLOMB.

En admettant simplement au début une production journalière de 10 tonnes de minerai marchand, on aurait un bénéfice de *200 francs par jour* $(40 \times 10 \times \frac{80}{100})$, bénéfice qui augmentera au fur et à mesure du développement de l'exploitation.

Il nous serait difficile actuellement d'évaluer le bénéfice résultant de l'exploitation de la *Blende*, dont la proportion dans le minerai nous est inconnue; mais nous estimons qu'avec une préparation bien conduite, on peut trouver là une source de profit d'autant plus importante que le zinc a en ce moment et gardera longtemps une forte valeur commerciale.

Quant aux valeurs du plomb et de l'argent, nous les avons estimées au plus bas cours, mais nous sommes convaincu qu'elles ne peuvent plus tarder à se relever. Le plomb tend à être de plus en plus employé dans les applications de l'électricité, notamment pour la construction des accumulateurs; et l'argent, qui a surtout été déprécié par suite de la prédominance du monométallisme, aujourd'hui condamné, ne peut incessamment que bénéficier de la surproduction d'or énorme que donnent les grands districts aurifères, en particulier celui du *Transvaal*. A ce moment l'exploitation des mines du Chassezac, lucrative dès aujourd'hui, deviendra une très bonne affaire.

Montpellier, le 21 novembre 1894.

Fernand VIALA,

Ingénieur civil des mines, ancien élève de l'École Polytechnique.

www.ingramcontent.com/pod-product-compliance
Lightning Source LLC
Chambersburg PA
CBHW061226050726
47594CB00008B/3816